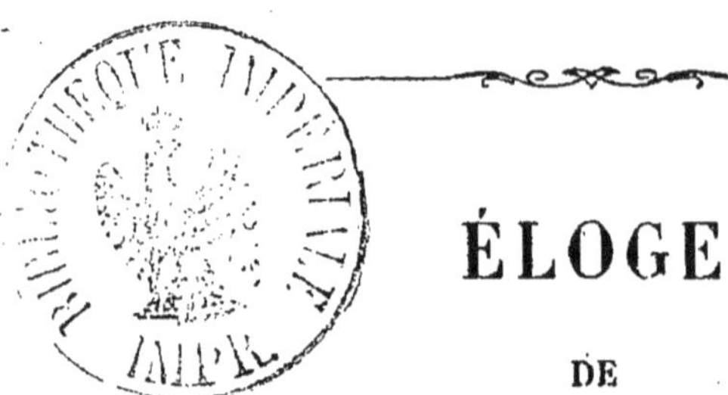

ÉLOGE

DE

M. LE COMTE DE MONTBEL,

PRONONCÉ EN SÉANCE PUBLIQUE,

le 12 janvier 1862,

Par M. le Vicomte DE RAYNAUD,

UN DES QUARANTE MAINTENEURS.

TOULOUSE,

IMPRIMERIE DE CHARLES DOULADOURE,

RUE SAINT-ROME, 39.

1862.

ÉLOGE

DE

M. LE COMTE DE MONTBEL,

Prononcé en Séance publique, le 12 janvier 1862,

Par M. le Vicomte DE RAYNAUD,
un des quarante Mainteneurs.

MESSIEURS,

LES révolutions et les discordes civiles affaiblissent les convictions, effacent les caractères, et sont un obstacle à tout développement moral. Trop souvent on sacrifie à l'intérêt ou à la crainte sa dignité et son honneur; mais tandis que la multitude s'abandonne au courant qui l'entraîne, l'homme fort lui résiste et suit la voie que tracent le dévouement et le devoir. Simple car il est digne, bienveillant parce qu'il est bon, vertueux puisqu'il est chrétien, le malheur le trouve sans faiblesse, la fortune sans orgueil; pour une âme aussi belle le sacrifice a des douceurs; dans la vie privée, ses mœurs simples et pures créent pour ceux qui l'entourent une atmosphère de paix et de bonheur; sa croyance et son cœur l'élèvent sans cesse vers la source de toute lumière, de tout bien, vers Dieu ; homme politique, il défend le droit, la justice, la vérité ; dans les débats parlementaires, il parle avec courage et sans amertume ; pour ce noble cœur les adversaires ne sont point des ennemis, jamais des passions étroites et haineuses n'obscurcissent sa raison, le devoir est sa règle, il s'attache à la vertu sans rechercher ni dédaigner la gloire. Quand je retrace les qualités qui distinguent le grand citoyen, chacun ici comprend que ce n'est pas à l'idéal que j'emprunte mon modèle ; chacun a reconnu celui dont l'Académie déplore la perte et honoré les vertus. Loin de la détruire, trente ans d'exil ont grandi la popularité de son nom, et si quelques traits de sa noble vie échappaient à mes souvenirs, ils se retrouveraient, j'en suis sûr, dans la mémoire et dans le cœur de ses compatriotes.

Isidore-Guillaume BARON, Comte de MONTBEL, ancien Maire de la ville de Toulouse, ancien Député, ancien Ministre de l'instruction publique, de l'intérieur et des finances ; Chevalier des Ordres du Roi, grand cordon de Saint-Janvier de Naples et d'autres Ordres, Mainteneur de l'Académie des Jeux Floraux, naquit à Toulouse le 4 juillet 1787. Il était issu d'une famille noble et distinguée ; plusieurs des siens tombèrent sous la hache révolutionnaire ; ils siégeaient dans ce Parlement qui, après avoir tracé à travers les siècles un long sillon de gloire, vit ses magistrats dispersés par la tempête et jetés au pied de l'échafaud.

En ces jours néfastes, l'enfance était fortement impressionnée par les agitations et les scènes de douleur qui l'entouraient; le malheur était pour elle comme la serre chaude qui presse la plante et hâte son développement. De très-bonne heure, le jeune Montbel fit pressentir tout ce qu'il y avait d'élevé dans son intelligence et de délicat dans son cœur. C'est à des hommes habiles que fut confié le soin de l'instruire; sa mère réserva pour elle celui de l'élever; elle lui inspira ces sentiments chrétiens et chevaleresques qui dans toutes les péripéties d'une longue vie firent toujours sa force et sa gloire.

La diversité de ses facultés a souvent été pour moi un objet de surprise et d'observation; au sentiment de la poésie et des arts, il joignait le jugement et la réflexion que les hautes sciences exigent, et grâce à la méthode, à la suite qu'il mettait dans ses travaux, il lui était possible de se livrer aux études les plus diverses et de les concilier avec les devoirs de la société.

Un esprit aimable, une gaieté expansive et franche lui inspiraient le goût du monde; mais il le recherchait dans un but plus élevé et plus digne de lui; la bonne compagnie alors était une école où se complétait l'éducation des hommes de son rang; où s'effaçaient les aspérités que nous laissent souvent des études sérieuses et suivies; on y acquérait les grâces du langage, la finesse de l'esprit, l'élégance des manières, et l'âme trouvait à y gagner; la politesse menait à la bienveillance, le bon goût dictait des procédés que le cœur inspirait plus tard. M. de Montbel devint bientôt le type et l'ornement de cette société d'élite dont nous avons perdu les plus heureuses traditions.

A tant de qualités aimables se joignaient les plus nobles vertus; à tous les âges de la vie, celle de la charité lui fut familière. Il avait quinze ans; sa mère s'étonne et se plaint de le voir sans manteau, exposé à un froid rigoureux; elle l'interroge et le presse; il est forcé de convenir qu'il s'en est dépouillé pour un vieillard pauvre et souffrant: heureuse mère! le sentiment qui fit alors battre votre cœur, les douces larmes qui mouillèrent vos yeux furent la récompense des soins que vous aviez prodigués à ce fils si digne de votre tendresse.

Parvenu à l'âge où l'homme cherche à fixer sa destinée et prend une compagne, M. de Montbel sollicita la main de Mlle d'Aspe, fille de M. d'Aspe, président au Parlement; sa demande fut accueillie avec joie par une mère ambitieuse du bonheur de sa fille; le mariage fut célébré le 12 avril 1812. Cette jeune femme justifiait les faveurs de la fortune par d'éminentes qualités; jamais union ne fut plus intime, et les douceurs de la paternité ajoutèrent encore au charme de cet intérieur.

Bientôt après, l'Empire s'écroula sous le poids de l'Europe entière. Nos anciens rois en cet instant suprême se placèrent entre la France et l'étranger; leurs efforts furent couronnés par le succès, nous dûmes à leur ascendant, au prestige de leur nom, notre délivrance et la paix.

Dès son enfance , M. de Montbel avait appris à vénérer et à chérir les princes de cette Maison ; il salua la Restauration avec bonheur , tandis que les souvenirs de l'histoire lui montraient dans le passé cette antique race dotant la France de nombreuses provinces , et sans cesse mêlée à toutes nos prospérités et à toutes nos gloires ; l'avenir s'offrait à lui , riche de liberté , d'espérance et de bonheur.

Mais de nouvelles épreuves , une nouvelle expiation nous étaient réservées par la Providence : aux Cent-jours, le dévouement de M. de Montbel ne se démentit point ; il était à la Drôme , heureux d'offrir ses services et son bras à un Prince dont le courage surpassait l'infortune.

Peu d'années séparent cette époque de celle où nous vivons ; la différence des mœurs , la disposition des esprits nous en éloignent de plusieurs siècles ; alors les convictions étaient fortes , les dévouements nombreux ; le positivisme n'avait point encore envahi notre patrie ; et pourtant, observateur profond , chrétien éclairé , M. de Montbel voyait se manifester des tendances égoïstes et cupides ; il pressentait ces jours où l'homme, courbé vers la terre, n'aurait plus d'aspirations pour le ciel ; où le génie, exclusivement attaché à mettre en œuvre la matière , parquerait sa puissance dans le cercle étroit des intérêts matériels. Ces tristes pressentiments pesaient sur sa grande âme sans lui laisser l'espoir de détourner ce funeste courant. Comme le sourire vient éclairer parfois des traits assombris par la tristesse, la poésie lui offrait de riantes images, dissipait ses graves pensées; on cite encore ses vers aussi spirituels que faciles; ses travaux scientifiques ne nuisaient pas à ses études littéraires, et l'Académie des Jeux Floraux, heureuse d'accueillir l'esprit et le talent, le nomma Mainteneur; il fut reçu en 1822. Dans son Discours de remerciment, il exprime avec éloquence des sentiments élevés, des aperçus d'un ordre supérieur, et son cœur, toujours français, forme des vœux pour le bonheur et la prospérité de son pays.

La mort frappe à coups pressés parmi nous; la plupart de ceux qui siégeaient avec lui l'ont précédé dans la tombe, ceux qui ont survécu parlent souvent de son zèle et de l'urbanité de ses manières.

Il était déjà membre du Conseil municipal et du Conseil général qu'il présida, quand l'Académie des Sciences l'appela dans son sein; Toulouse applaudit à ce choix; toute distinction accordée à M. de Montbel, toute position honorable faite à cet homme distingué, étaient accueillies avec faveur par ses compatriotes; il eut toujours le privilége de désarmer l'envie.

Dans la vie de l'homme, il est des transitions qui modifient son existence et étendent la sphère de ses devoirs; la patrie réclame ses services et la mise en œuvre des talents dont l'a doté la Providence: cette phase nouvelle commence pour M. de Montbel; il est parvenu à cet âge de force et de virilité où l'esprit et le caractère ont leur entier développement. Nommé maire de Toulouse en 1826, ce n'est pas sans hésiter qu'il accepte; son esprit juste et élevé apprécie les

devoirs que ces hautes fonctions imposent ; sa modestie en exagère les difficultés, seul il ne voit pas que
ses études , sa connaissance des hommes et des cho-
ses le placent naturellement à la tête de notre édilité,
seul il n'applaudit point au choix du Souverain. Cette
faveur royale eût souri à un ambitieux , M. de Montbel
l'accepte avec résignation et tristesse ; il faut renoncer
à des études qu'il aime , au monde dont les prévenances l'attirent. La pensée que sa famille ne serait plus
l'objet exclusif de ses soins et de sa sollicitude pèse sur
son cœur ; ce sacrifice est d'autant plus pénible qu'il
ne porte pas sur lui seul ; sa femme et ses enfants
devront aussi se l'imposer.

Il faut se reporter vers les temps qui avaient précédé
l'administration de M. de Montbel, pour apprécier son
zèle, ses travaux et les difficultés qu'il eut à vaincre ;
les charges qu'imposent les discordes, les conquêtes
et les revers avaient tour à tour pesé sur nous, les
ressources étaient épuisées, les préoccupations que ces
événements faisaient naître éteignaient toute pensée,
tout désir d'institutions utiles et de créations nouvelles. M. de Montbel donne l'impulsion, imprime le
mouvement, arrache nos compatriotes à leur funeste
apathie ; il sollicite et obtient le concours du Roi, qui,
sans surexciter l'esprit d'entreprise et d'industrie,
aimait à en favoriser le progrès ; bientôt des fontaines
s'élèvent sur toutes nos places, les eaux jaillissent de
toute part, l'Observatoire est achevé, le Jardin des
Plantes embelli , les Hospices s'agrandissent, de vastes Abattoirs sont construits, l'École Vétérinaire s'é-

lève, le Prêt gratuit est fondé : ces remparts qui nous étreignaient dans leur enceinte disparaissent, l'on voit se dérouler devant soi de riches campagnes et le fleuve imposant qui les arrose ; l'Ecole des Sourds-muets s'établit ; on crée un cours de géométrie et de mécanique pour la classe ouvrière ; enfin, inspiré par la plus belle, la plus douce des vertus, la Charité, M. de Montbel consacre aux indigents l'entier traitement que les maires de Toulouse reçoivent de l'État.

Dans notre cité, le poëte cueille les fleurs de la corbeille d'Isaure, le peintre a ses Mécènes, le musicien des émules, la poésie est populaire, l'harmonie native ; une école de chant, succursale du Conservatoire, était désirée de tous ; nous appelions de nos vœux le rétablissement de l'exposition des arts, où le talent était encouragé et fier du suffrage d'un public éclairé. Par les soins de M. de Montbel et la munificence personnelle du Roi, Toulouse posséda ces utiles institutions, et, grâce à cet administrateur aussi habile que zélé, vit sa prospérité s'accroître de jour en jour.

Mais un cri d'alarme se fait entendre, il retentit de toute part ; la Garonne déborde, l'île de Tounis est submergée, les maisons croulent ou sont envahies par les eaux ; le désespoir se peint sur tous les visages ; la population entière couvre les bords du fleuve, les autorités rivalisent de zèle et d'énergie : le Maire semble se multiplier, il organise le sauvetage, donne abri et secours à ceux qui n'ont point d'asile, il s'associe au péril de celui qui s'expose, donne l'exemple à celui que la crainte fait hésiter, il dispose, calcule tout, excepté le danger qui l'assiége. Voyez lutter contre les flots et le courant qui l'entraîne cette frêle embarcation qui doit sauver trois hommes cernés par les eaux à la Poudrière : c'est lui, c'est M. de Montbel ; le Général et le Préfet partagent ses dangers et sa gloire ; ils ramènent au rivage les malheureux qu'ils ont arrachés à la mort. Toulouse reconnaissante a consacré dans un tableau, que son Musée possède, cette grande scène et ce beau dévouement.

Au courage qui se manifeste dans un instant suprême, M. de Montbel joignait la persévérance que donne la foi quand il faut accomplir un devoir. Les victimes de ce grand désastre furent l'objet de sa sollicitude et de ses soins. Celles qui n'avaient point d'asile furent recueillies dans les établissements publics ; la plupart manquaient de ressource ; il ouvrit des souscriptions, demanda et obtint des secours pour leur venir en aide : les orphelins de ceux que les flots avaient entraînés reçurent l'éducation qui convenait à leur état, et, par des efforts constants, il parvint à adoucir le sort de ces infortunés.

La popularité s'obtient difficilement en France ; les vanités la repoussent, l'esprit de parti la combat, et pourtant elle s'attacha à M. de Montbel sans qu'il l'eût ambitionnée, sans qu'il la dût à des condescendances peu dignes ou à de basses flatteries : ce fut un hommage rendu à sa conduite et à ses vertus.

Appelé par le Roi à présider un de nos colléges

électoraux, il fut proclamé Député à une immense majorité; on vit s'effacer devant lui cette opposition systématique et passionnée que rencontraient alors les candidats du Gouvernement.

Les grandes affaires mettent en relief les intelligences supérieures. M. de Montbel fut bientôt apprécié et mis au rang des membres les plus distingués de la Chambre. Au sein des Commissions, à la tribune, il défendit les principes monarchiques avec autant d'énergie que de talent. On ne saurait comprendre ce qu'il fallait de constance et d'efforts pour repousser les attaques de ces hommes à passions aveugles qui avaient encore soif de révolutions et de discordes. Courbés et contenus sous l'Empire, ils avaient repris leurs funestes projets à l'ombre des libertés que nous devions à nos rois. Les uns étaient excités par des espérances coupables; les autres, plus nombreux, par le désir de realiser de chimériques utopies. Sans appui d'abord, ils rallièrent à leur opposition ceux qui, pendant nos grandes guerres, avaient conçu de justes ambitions, et dont la paix détruisait les espérances. Les déplacements d'intérêts, inséparables des commotions politiques, leur amenèrent des auxiliaires; la presse était un fort levier pour renverser et détruire, ils l'employèrent avec habileté; elle excitait les passions les plus funestes; par d'insignes calomnies elle inspirait des défiances, trompait et irritait les vanités toujours intraitables en France. Pour révolutionner les masses, il fallait les déshériter de la foi; les écrits les plus impies étaient répandus avec profusion, les mensonges les plus odieux discréditaient sans cesse la religion et ses ministres. Par un de ces entrainements inexplicables et communs à cette époque, des hommes attachés à la dynastie devinrent les instruments des factieux ; les ennemis du pouvoir envahirent la Chambre, le nom même d'un régicide sortit du scrutin. Chaque jour ajoutait à leur audace ; et tandis que l'Europe proclamait le comte de Villèle un des premiers hommes d'Etat de l'époque, on demanda à la Chambre sa mise en accusation. L'indignation de M. de Montbel fut grande, mais exempte de crainte et d'alarme ; il savait que la gloire de son ami grandirait dans les débats ; que, loin de le flétrir, on lui préparait un triomphe. Je voudrais pouvoir citer les éloquents discours où il montre le Ministre accusé fondant le crédit public, réduisant à 900 millions la dépense de l'Etat, comblant le déficit, et par la loi d'indemnité trouvant à la fois le moyen de dédommager l'émigré, de donner une nouvelle garantie à l'acquéreur, d'ajouter aux profits du fisc.

M. de Montbel est surtont orateur lorsqu'il décrit cette guerre d'Espagne, grande dans son but, féconde dans ses résultats, glorieuse pour notre armée, et dont le ministère Villèle pouvait revendiquer l'honneur ; mais les accusateurs tenaient à prolonger cette position indécise ; ils demandent un second ajournement. M. de Montbel réclame des juges ou le retrait de l'accusation, et s'écrie : « L'épée de Damoclès n'est » pas le glaive de la justice... Avant de s'associer à » cette accusation, la Chambre réfléchira aux der-

» nières paroles de celui qui la propose. La France
» vous regarde, a-t-il dit, l'histoire vous attend. Loin
» de nous la pensée de confondre ce qui ne peut être
» mis en parallèle; mais nous ne pouvons nous empê-
» cher de remarquer que c'est dans ces mêmes termes
» que, dans une circonstance de funeste mémoire,
» s'adressait à une trop célèbre assemblée un homme
» qui voulait l'entraîner au plus grand des forfaits !
» La France regarda, en effet, cette assemblée avec
» une indignation profonde. L'histoire n'attendit pas
» longtemps les coupables; elle les saisit tout vivants
» pour les frapper d'un arrêt de réprobation, et cet
» arrêt est celui des siècles. »

Ces paroles furent entendues; la Chambre rejeta
l'accusation ; mais, loin d'être découragée, l'opposition redoubla d'efforts. Alors qu'au sein de la prospérité la France était heureuse et libre, l'agitation
croissait. On répandait de tout côté l'inquiétude et la
défiance. Le Président du Conseil vit, dans des concessions nouvelles, le moyen de nous rendre le calme
et la sécurité ; il ne savait pas qu'alors qu'un souverain a devancé les désirs de ses peuples et modifié les
lois selon les besoins des temps et des mœurs, il est
funeste de céder à des exigences factieuses, de désarmer devant les partis. Ils ne transigent jamais ;
leur guerre est une guerre à mort; il faut les vaincre
ou succomber. Cédant au conseil de son Ministre, le
Roi écarta des affaires des hommes dévoués, sou-
mit, en matière électorale, les Préfets à l'inquisi-
tion de leurs administrés, bannit, malgré sa répu-

gnance, un ordre religieux. A ces concessions on en joignit de plus funestes : M. de Montbel en fut effrayé, il combattit surtout la loi départementale, et s'éleva, dans un remarquable discours, aux considérations les plus hautes ; il détermina le rejet de la loi. Pendant cette session, il occupa souvent la tribune, apportant dans la discussion cette lucidité qui caractérisait son esprit ; il avait cette éloquence que donnent toujours aux hommes d'élite les convictions fortes et les inspirations de l'honneur.

Ce n'était point assez pour l'opposition de faire cerner par l'émeute et injurier aux portes de Notre-Dame des Victoires les missionnaires du diocèse. On adressa contre eux des pétitions à la Chambre. M. de Montbel repoussa ces attaques, et défendit aussi les jésuites avec autant de logique que d'éloquence ; j'ajouterai avec courage ; il en fallait alors pour parler en faveur de ces prêtres calomniés.

Les changements de ministère sont la conséquence inséparable du Gouvernement représentatif. Le 8 août 1829, le Roi jugea utile de former un nouveau cabinet ; M. de Montbel fut appelé à en faire partie comme Ministre de l'instruction publique et des cultes A la hauteur de cette grande mission, il avait le sentiment des devoirs à remplir et des difficultés à vaincre : Ministre des cultes, ses efforts tendaient à détourner les Chambres de la pente où les entraînait une opposition hostile et voltairienne ; il protégeait le Prêtre, lui laissait sa liberté d'action, car il savait que l'influence chrétienne est la source de tout progrès, le garant du bonheur des peuples et de la stabilité des empires.

Ministre de l'instruction publique, il étudiait avec soin les réformes à faire et les moyens de préserver les écoles de l'esprit révolutionnaire qui nous débordait de toute part; il voulait donner pour base à l'éducation le principe chrétien, inspirer à la jeunesse l'amour du bien et le courage du dévouement, parler à son cœur autant qu'à son esprit, assurer ainsi l'avenir, diriger le développement de la société dans sa fleur : personne mieux que lui n'eût modifié ce que nos écoles avaient d'incomplet, personne ne leur aurait donné une plus heureuse impulsion; le temps seul lui a manqué.

Cette royauté si noble, si fière pendant les guerres d'Espagne, de Morée et d'Alger; cette royauté dont le vœu fut toujours la prospérité de la France, était impuissante devant un parti que les concessions n'avaient point rallié ; les factieux sont ingrats, ils acceptent les faveurs, et ils se refusent à la reconnaissance. Comme l'encens embaume le feu qui le consume, les bienfaits émanés du trône se répandaient sur ceux qui s'efforçaient de le renverser. Le pouvoir était dans une de ces positions fausses, difficiles, où rien de stable n'est possible : le Roi fit remplacer M. de Montbel à l'instruction publique, et l'appela au Ministère de l'intérieur.

Cette nouvelle preuve de la confiance du souverain, quelque flatteuse qu'elle fût, l'affligea profondément; il abandonnait à regret une position qui allait à son caractère, à son esprit et à ses goûts; il lui était plus difficile de réaliser une espérance toujours nécessaire à son cœur , celle de faire le bien.

Le champ qui s'ouvrait devant lui était plus vaste, les difficultés plus grandes. Sous la Restauration , on administrait admirablement, mais par excès de confiance on négligeait de gouverner : les circonstances commandaient au nouveau Ministre une autre direction ; il fallait établir des rapports suivis , une surveillance active , utiliser le concours et le zèle des Préfets pour ramener l'opinion qui chaque jour s'égarait davantage. M. de Montbel attirait par sa simplicité, encourageait par sa justice ; gracieux et impartial , chez ses adversaires il trouvait de nombreux partisans , et plus qu'un autre il avait l'art de les ramener aux idées d'ordre et de justice qu'il défendait. Le collaborateur d'un journal hostile lui fait une demande, elle est accordée ; encouragé par ce succès, il sollicite une faveur , il l'obtient , et a la franchise de s'en étonner : M. de Montbel lui dit en souriant : « Votre de-
» mande est fondée , la justice veut que je l'accorde ;
» vous aspirez de plus à une faveur, la charité com-
» mande de ne point la refuser. »

Si le cadre étroit d'un éloge le permettait, je citerais de nombreux exemples de l'ascendant que son esprit conciliant lui donnait sur ses adversaires. Mais la condescendance n'allait pas jusques à la faiblesse, et dans les conjonctures difficiles il ne connut jamais ni l'hésitation, ni la crainte. Rappelez-vous les paroles énergiques qu'il fit entendre lors de la discussion de cette Adresse factieuse , premier signal de la révolte et d'une attaque ouverte contre le trône ; rappelez-vous avec quelle force il proteste et se dit prêt à tout braver pour le service du Roi et l'accomplissement de son devoir.

Le Ministre des finances se retira des affaires ; le Roi lui donna pour successeur M. de Montbel, qui crut devoir remercier et sortir du Conseil. Charles X lui écrit, le presse, fait appel à son dévouement : « Acceptez, lui dit-il ; comme Roi je vous l'ordonne, » comme ami je vous le demande en grâce. » Cette prière adressée de si haut, ce nom d'ami, honneur éternel pour lui et sa famille, ne permettaient plus d'hésiter ; il obéit.

Ministre d'un Roi malheureux, vous êtes digne dès ce jour de ce nom d'ami qu'il vous donne, car dès ce jour vous lui consacrez votre existence entière ; lié à sa fortune par la reconnaissance, vous braverez, s'il le faut, la persécution et l'exil : tel fut alors le sentiment qui pénétra votre âme, tel fut le cri de votre cœur ! L'histoire dira que votre dernier jour vous a trouvé fidèle à un vœu si digne de vous !..

Mais les événements se pressent, l'agitation grandit, les incendies se multiplient dans le Nord, les comités organisent le refus de l'impôt, l'opposition redouble d'audace ; pendant une royale fête, le cri de la sédition porta le trouble et la tristesse aux lieux où devait régner la joie : le danger était imminent, on jugea la répression nécessaire, les Ordonnances furent signées, et le lendemain de la Révolution, leur légalité fut reconnue par ceux même qui les avaient combattues ; ils effacèrent l'art. 14 de la Charte.

Mais je marche sur un terrain brûlant ; loin de moi toute récrimination personnelle, ce ne serait point imiter celui dont je retrace les vertus, ni suivre l'exemple qui de plus haut nous fut donné. Il m'en souvient, en 1848, un Français fut présenté à Mme la Comtesse de Marnes ; il lui parla avec véhémence contre ceux qui venaient de descendre du trône. « Le doigt de Dieu est là, dit-il ! — Le doigt de Dieu est partout, répondit la Princesse ! » Et elle termina l'entretien.

Bornons-nous à dire qu'au sein des prospérités les plus grandes, au moment où la conquête d'Alger dotait la France d'un Empire nouveau, un même jour vit arracher la couronne du front de trois rois, et qu'un enfant, fleur de royauté et d'innocence, ne trouva pas grâce devant la Révolution.

Après le départ de la famille royale, M. de Montbel quitte Rambouillet, traverse Paris, surmonte de périlleux obstacles, grâce au zèle et aux soins d'un compatriote, M. Esquirol ; cet homme de cœur se dévoua, à l'heure de l'adversité, pour celui qu'il suivait aux jours de sa fortune.

Le Ministre proscrit passe enfin la frontière, arrive à Vienne, pour y attendre les ordres du Roi. Inconnu dans cette cité, étranger à sa langue et à ses mœurs, les cœurs se taisent autour de lui, la solitude est entière, et l'avenir se présente chargé d'amertume et de tristesse : adieu famille, patrie, adieu tout ce qui lui est cher ; il faut renoncer aux joies si douces du foyer, à ces soins qu'on reçoit et surtout qu'on donne avec bonheur, à cette affection qu'une compagne répand comme l'ombre et la fraîcheur sur les aridités de l'existence, à ces enfants charme de sa vie ! Devant de tels sacrifices, il cède à son émotion, son courage chancelle, mais se relevant aussitôt, il retrouve sa force : l'honneur le veut, il ne faillira pas. Il éloignait ces pénibles pensées et se dérobait à lui-même en consacrant à l'étude le temps que n'occupaient point les affaires.

Ce fut alors qu'il écrivit la vie du duc de Reischtadt. Cet ouvrage est remarquable par l'élégance et la pureté du style, la justesse des aperçus, l'impartialité des jugements. On a dit qu'il ne faut pas écrire l'histoire quand on la fait ; M. de Montbel est une heureuse exception à cette règle. Au moment où les passions politiques étaient encore palpitantes, où des préventions et peut-être des ressentiments auraient pu l'animer, il est beau de voir ce noble écrivain, toujours juste et jamais hostile, bienveillant sans être flatteur, mettre en relief, sans préoccupation de parti, le caractère de ce prince. Le talent de l'écrivain assurait le succès de l'ouvrage ; sa position en détermina la vogue : il était piquant de voir le Ministre de Charles X, à la fois autorisé par son maître et sollicité par Marie-Louise, écrire l'histoire du fils de Napoléon !

Accusé devant la Chambre des Pairs, il proteste ; le silence eût été à ses yeux une lâcheté. Cet exposé de sa conduite, dicté par une conscience sans repro-

che, est adressé à ses compatriotes. Confiant dans
son passé, il le rappelle aux hommes de tous les
partis, et dit en terminant : « Un jugement peut me
» frapper, mais non me flétrir. La révolution a fait
» tomber la tête de nos pères, elle n'a pas humilié
» leur front. »

S'il s'exprime avec fierté quand sa dignité le com-
mande, il parle à ses amis de ses sacrifices avec une
simplicité touchante qui en rehausse le prix. Au sujet
du sequestre mis sur ses biens, il écrivait : « J'en
» suis affligé pour mes enfants; quant à moi, je suis
» dans la disposition de croire que l'homme a besoin
» de peu pour son existence passagère, et qu'il faut
» peu de philosophie pour préférer le calme de la
» conscience aux vaines jouissances de la fortune. »

Il écrivait plus tard : « La Providence a attaché
» ma destinée aux malheurs de la famille royale; je
» ne puis m'en plaindre : c'est une grande chose pour
» moi d'être associé à de telles infortunes. Il y a dans
» la communauté de malheurs quelque chose qui élève
» l'âme beaucoup plus et beaucoup mieux que la pros-
» périté, qui, le plus souvent, enfle le cœur sans le
» grandir. Je me suis réjoui d'apprendre que la li-
» berté était rendue aux prisonniers de Ham, sans y
» lire la fin de mon exil. Dans la position où je suis,
» il y aurait une grande faiblesse, et par suite un
» grand tort, d'accepter une grâce de ceux dont on
» n'a pas accepté le jugement. Il faut tâcher d'être
» conséquent à ses principes. Je n'ai pas de haine
» contre les gens qui m'ont fait beaucoup de mal,

» mais je ne peux accepter d'eux le pardon que je
» leur accorde. »

Le malheur est persévérant; loin de se lasser il
pesa plus fortement encore sur l'âme de M. de
Montbel : la mort lui ravit cette compagne qui avait
versé sur sa vie tant de charme et tant de douceur.
Plaignons-le ! Si l'éloignement avait ses rigueurs, il
n'était pas sans consolations; cette perte les-lui en-
lève. A côté de l'exil, il trouvait l'espérance; la mort
ne lui laisse que le souvenir, source d'intarissables
regrets. C'est à Dieu qu'il demande le courage et la
résignation : il avait toujours vécu en chrétien, mais,
dès ce jonr, il fut pénétré de cette piété fervente qui
couronna si dignement sa vie.

Ses rapports intimes avec le prince de Metternich
grandirent son influence politique et hâtèrent le succès
des négociations qui lui étaient confiées. Sa mission
remplie, il fut obligé d'attendre longtemps à Vienne
madame la comtesse de Marnes. Cette existence sans
but n'allait pas à la situation de son âme. La faveur
de la Cour, les prévenances des hommes du plus haut
rang n'en remplissaient pas le vide; il fallait un aliment à ces hautes et fortes vertus de dévouement et
de fidélité; il le trouva auprès du Roi, au sein de la
famille exilée. Infatigable serviteur, on le voyait se
consacrer à la fois à l'administration intérieure et
aux affaires. Secondé par sa vaste érudition, il partageait les soins que des hommes éclairés donnaient à
l'instruction du jeune Prince. L'auguste élève et sa
sœur étaient à cet âge où la distraction est un be-

soin, où la gaité éveille l'imagination, presse l'épanouïs-
sement de l'âme. M. de Montbel le sentit, les entoura
de tout ce qui pouvait leur sourire et leur plaire;
pour eux il retrouva ses crayons, sa musique, son
pinceau; par des récits ingénieux et variés il les in-
téressait vivement et animait ces soirées de Goritz, où
le Roi permettait à ses entours cet abandon de con-
versation qui, sans exclure le respect, laisse à l'esprit
sa vivacité et sa grâce. Personne ne racontait mieux
que M. de Montbel, personne plus que lui n'avait de
ces rapprochements inattendus qui donnent à la pensée
un tour original et piquant. Si les ombres de la tristesse s'étendaient sur les traits de madame la comtesse de Marne, il retrouvait sa gaieté pour la dis-
traire, et cette touchante ambition était souvent satis-
faite; ce succès arrivait à son cœur sans l'enorgueillir.
Dans ses réponses, la modestie se joignait toujours
à l'à-propos. Il accompagnait souvent Charles X; ce
Prince, un jour seul avec lui dans sa voiture, dit en
souriant : « Savez-vous, Montbel, que vous cumulez
» actuellement les charges de premier Gentilhomme
» de la Chambre, de Capitaine des gardes et de pre-
» mier Ecuyer. Je ne vous avais pas jugé ambitieux
» à ce point ? » « Si le Roi, répondit-il, avait des
» courtisans, des gardes et des chevaux, je n'aurais
» pas plus de chances que de droits pour remplir de
» si brillantes charges ; mais dans ce moment je dois
» à l'exil un bonheur que pourraient m'envier beau-
» coup de gens de bien en France. »
Toujours attentif à ménager la délicatesse de ceux

qu'il obligeait, il cherchait surtout à ne point blesser celui dont il avait à se plaindre. Un ami crut que des dissidences politiques devaient rompre des rapports commencés dès l'enfance, et s'éloigna du comte de Montbel, alors Ministre de l'instruction publique. La vengeance fut prompte; son fils obtint une bourse dans un de nos colléges. Bien des années s'étaient écoulées, quand le besoin rappela à ce compatriote, infirme et souffrant, qu'il avait un appui auprès des Princes exilés. Une pension lui fut accordée, grâces aux soins de M. de Montbel, qui, chaque année, joignait ses dons à ce bienfait; mais comme un tel solliciteur aurait souffert de recevoir d'un autre que du Prince, il lui laissa toujours ignorer qn'il concourait à soulager ses infortunes. Ce secret fut trahi par la mort du bienfaiteur, alors seulement son compagnon d'enfance apprit ce qu'il devait à ce cœur généreux.

Ce n'était pas assez que la mort étendit ses ravages sur la famille de M. de Montbel et qu'il perdit sa nouvelle compagne, associée à son exil pour en adoucir les amertumes, il devait encore voir mourir la plupart de ceux dont il partageait les malheurs. On est étonné de voir tant d'épreuves peser sur une seule tête. Serait-il vrai que les grandes âmes sont destinées aux grandes douleurs ?

Le fléau qui ravageait alors l'Europe frappa Charles X : il mourut du choléra avec ce calme, cette résignation, apanage des âmes qu'anime une vive foi. M. de Montbel laisse une œuvre remarquable sur les derniers moments de ce Prince; elle est l'heureuse expression de ces pensées nobles et élevées qui prennent leur source dans le cœur. Pour peindre ainsi les vertus de son modèle, il faut les posséder.

Le dévouement a sa prévoyance et ses sollicitudes : dominé par ce sentiment, M. de Montbel suivait avec anxiété les progrès de la maladie du comte de Marnes, et cherchait à adoucir ses longues souffrances par la lecture des orateurs chrétiens et par les souvenirs de cette France si chère à son cœur. A la mort de ce Prince, dans un écrit aussi simple que touchant, il voulut lui rendre un dernier hommage et montrer dans son vrai jour ce caractère longtemps méconnu qu'une extrême modestie dérobait à une juste appréciation. Inaccessible aux enivrements de la fortune, M. le comte de Marnes grandissait dans le malheur; s'il n'avait point les grâces qui séduisent, il possédait toutes les vertus d'un grand cœur.

Près d'une Princesse expirante, quel est ce digne chevalier? C'est M. de Montbel, appelé à l'insigne honneur de recevoir les ordres, de recueillir à cette heure suprême les volontés de la fille de Louis XVI. Après avoir épuisé la douleur humaine jusqu'à la lie, elle touche au terme de son long martyre, et veut, avant de se reposer au sein de Dieu, assurer le sort de ceux qui l'ont fidèlement servie : ce n'est que par ses affections qu'elle tient encore à la terre; elle bénit, console ceux qui restent de sa famille et les compagnons de son exil : quelle sérénité! quel calme! Ici la mort n'inspire point de terreur, elle n'anéantit pas, elle délivre; ses voiles funèbres disparaissent devant les rayons d'immortalité qui brillent de toute part. M. de Montbel contemple avec douleur et admiration cette imposante scène ; il écoute, et le dernier mot qu'elle prononce est un pardon ; son dernier soupir une aspiration vers Dieu ; le silence se fait : ce fidèle serviteur ne la pleure plus, il l'invoque.

Dès ce jour, tous les moments, tous les soins de M. de Montbel furent consacrés à M. le comte de Chambord et à son auguste compagne : attaché à Frohsdorf par l'affection et le souvenir, il ne quitta plus cette demeure. Seul, pendant les voyages du Prince, l'étude et les travaux littéraires occupaient ses loisirs : un aliment était nécessaire à cette intelligence active et puissante. Il a légué ses nombreux manuscrits à Mme la comtesse de Montbel ; le goût et l'esprit de cette femme distinguée, sont garants du soin qu'elle apportera à cette publication.

Les forces et l'activité de cet homme généreux faisaient espérer qu'il triompherait de son âge, qu'il dépasserait les bornes ordinaires de la vieillesse, quand il fut atteint d'une maladie mortelle : les secours de l'art devinrent inutiles, l'heure de la récompense avait sonné, Dieu l'appela à lui. Sa vertu si pure, sa vie chrétienne et éprouvée avaient mérité le ciel.

S'il n'a pas légué l'opulence à ses nombreux descendants, il laisse un héritage préférable à leurs yeux, et qui répond au besoin de leurs âmes, Oui, nobles enfants, vous êtes riches de ce nom qu'il a porté si bien et si haut, riches de son exemple, éclatant flambeau, qui doit éclairer votre vie tout entière ; riches de cette foi, de ces sentiments héréditaires qui vous ont guidés vers Rome, et ont armé votre bras pour une cause sacrée ! Vous possédez cet écrit dépositaire de ses dernières volontés, où sont répandus les trésors de son âme, où l'expression de son amour pour Dieu est digne de Fénelon, et ses sentiments pour le Prince dignes de Bayard. Vous préférez aux dons de la fortune, ces lettres, témoignage des regrets que M. le comte et Mme la comtesse de Chambord donnent à cette mémoire vénérée, où le descendant de tant de rois daigne parler de sa piété filiale pour celui que vous pleurez. Puisque l'auréole de gloire qui brille au front d'un père, resplendit sur celui de ses enfants, parez-vous de l'éclat de cette noble vie ; entourés de tels souvenirs, il n'est point de souverain qui n'agrée vos services, point de peuple qui ne vous accueille, point de compatriote qui ne vous salue avec affection et avec orgueil.

En vous appelant à succéder au comte de Montbel, Monsieur (1), l'Académie vous prouve qu'elle apprécie vos talents, et qu'elle voit en vous celui qui, dans notre cité, préside avec zèle et succès cette association que le ciel protége, que saint Vincent de Paul inspire, arbre qui croît sur le sol de la Foi et de la Charité, dont les vastes rameaux, quels que soient les obstacles, reverdiront sans cesse et s'étendront sur les deux mondes.

____

(1) M. Firmin Boutan.

Et vous, Messieurs les Mainteneurs, merci : quand chacun de vous eût ambitionné de rendre hommage à la mémoire du comte de Montbel, vous m'avez permis de lui consacrer les derniers accents d'une voix affaiblie et glacée par l'âge ; loin de vous prévaloir du droit que donne le talent, vous avez eu égard aux liens d'affection et de parenté qui m'unissaient à lui ; votre bienveillance ne m'a point refusé l'honneur que je briguais... ah ! du fond de mon cœur, merci !